AF219819

Die
Computer-Oma
erklärt die
digitale Welt

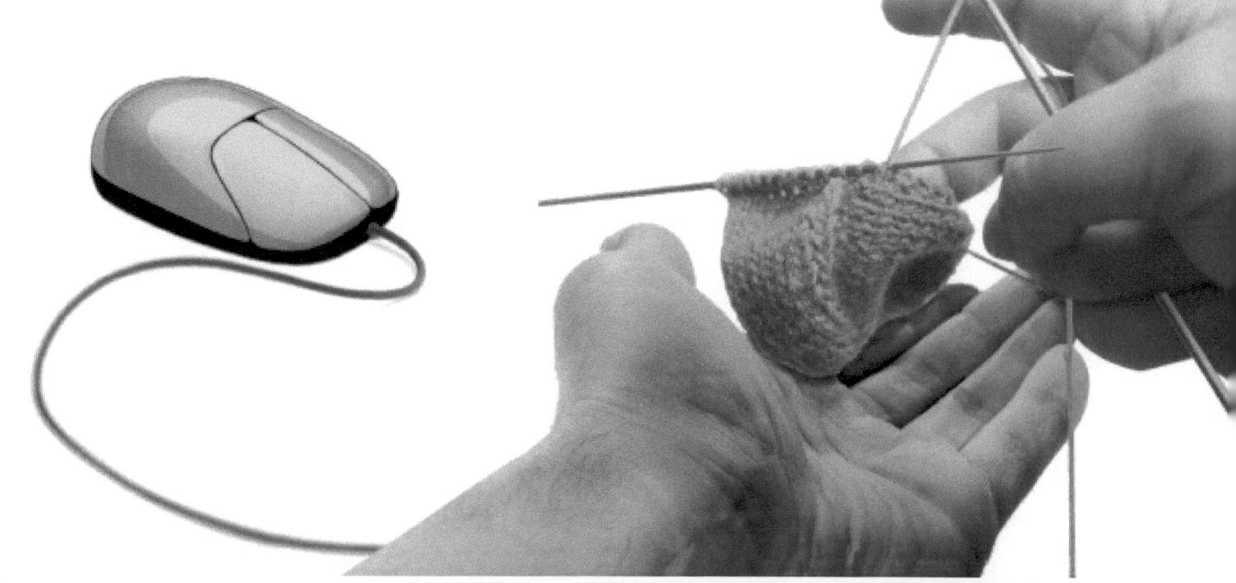

Bibliografische Information der Deutschen Nationalbibliothek:
Die Deutsche Nationalbibliothek verzeichnet diese Publikation
in der Deutschen Nationalbibliografie; detaillierte
bibliografische Daten sind im Internet über dnb.dnb.de
abrufbar.

© 2020 Hans-Jürgen Fackler

Herstellung und Verlag:
BoD – Books on Demand, Norderstedt

ISBN: 9783752647464

Inhaltsverzeichnis

Das Enkelchen fragt die Computer-Oma:
Omi, als du mit dem „Computern" angefangen hast,
hattest du da keine Angst ?

Die Computer-Oma antwortet:
Also Kindchen, das ist doch ganz einfach.

Natürlich hatte ich damals auch Angst vor dem Neuen, weil ich keine Ahnung hatte, was da so alles auf mich zukommt. Ich hab's dann probiert, und siehe da, alles nur Übungssache !

Wenn ich ehrlich bin, dann habe ich heute mehr Angst, wenn es an der Tür klingelt, oder wenn das Telefon bimmelt. Man hört und liest doch so viel von Ganoven, die mit dem Enkeltrick versuchen, sich mein Vertrauen zu erschleichen und mich bitten, mein Erspartes von der Bank zu holen, weil sie in einer furchtbaren Klemme stecken. Oder die mit falscher Polizeiuniform oder als falscher Beamter vorgaukeln, man müsse mir unbedingt helfen, und die wollen dann in die Wohnung, um dort ihr Unwesen zu treiben.

Dagegen ist der Umgang mit dem Computer ja wirklich völlig harmlos. Solange ich das Internet nur benutze wie eine riesige Prospektsammlung, in der ich mit Hilfe von „Google" alles, was mich interessiert, finden und anschauen kann, solange kann mir auch niemand in die Wohnung schauen oder mir irgendeinen Schaden zufügen. Denn „googeln" kann man auch, ohne irgendwelche persönlichen Namen und Daten preiszugeben.

Und angefangen habe ich auch ganz klein. Deine Eltern hatten ja schon lange einen Anschluss für Internet und Telefon. Da war ja auch ein Gerät dabei, das dafür sorgte, dass Mama und Papa mit dem Laptop auf dem Schoss im Wohnzimmer auf der Couch sitzen konnten, und völlig ohne Kabel ihre Arbeit am Computer erledigen konnten. Das war ein schwaches Funksignal, das sogenannte W-LAN.

Dieses Funksignal geht auch durch 1 oder 2 Wände, weiter geht es nicht. Aber dieses Signal kam auch bei mir in der Nachbarwohnung an. Papa hat es dann ausprobiert und mir ein kleines Gerät spendiert, das dieses Signal soviel verstärkt hat, dass ich auch in meinem Zimmer ins Internet kann. Dieses Gerät heisst „W-LAN-Repeater", kostet rund 50 Euro, und ist in jedem Elektromarkt zu kaufen. Und weil Papa mir dann das Passwort für sein W-LAN gegeben hat, habe ich seitdem völlig kostenlos einen Zugang zum Internet.

Dann habe ich mir zum Ausprobieren ein ganz preiswertes Tablet gekauft, grade mal 100 Euro hat es gekostet, und seitdem bin ich schon durch die ganze Welt gesurft. Ich kann alte Filme schauen, ich kann Radio und Musik hören, ich kann mir neue Strick- und Häkelmuster anschauen, ich kann die Internetseiten von allen Fernseh-Sendern finden und dort Dinge nachschauen, die immer mit dem Hinweis „mehr finden Sie auf www. XYZ.de" angekündigt werden. Und, ganz klar, inzwischen hat Oma auch eine eigene E-mail-Adresse, kann Online-Banking, und kann Sachen im Internet online einkaufen, die man sonst nur schwer oder garnicht in der Umgebung kaufen kann!

Und jetzt Kindchen, lass die Omi mal ein bisschen weiter stricken. Ich mach doch gerade ein Mäntelchen für Opas

Computermaus, damit das arme Ding nicht so friert. Opa hat doch immer so kalte Hände, Oma muss es ja wissen...

Das Enkelchen fragt die Computer-Oma:
Omi, was heisst eigentlich ‚Der Computer wird hochgefahren'?

Die Computer-Oma antwortet:
Also Kindchen, das ist doch ganz einfach.

Stell dir mal ein großes, neu eröffnetes Hotel vor. Am ersten Morgen schließt der Hoteldirektor die Türe auf, schaltet das Haupt-Licht an, macht die Heizung an, steigt in den Fahrstuhl und will mit dem Lift ganz hoch in sein Büro in der zehnten Etage.

Im ersten Stock wohnt der Küchenchef. Dort hält er kurz an, die Lifttür geht auf, der Küchenchef steigt ein, die Lifttür geht wieder zu und der Fahrstuhl steigt weiter hoch. Dann bleibt der Fahrstuhl noch mal stehen im vierten Stock. Dort wohnt der Empfangschef. Der steigt ein und danach geht es wieder runter ins Erdgeschoss, damit der Empfangschef zur Rezeption gehen kann, bevor die ersten Gäste kommen.

Die Lifttür geht wieder zu und der Fahrstuhl fährt hoch bis in den zehnten Stock. Das hat jetzt schon etwas Zeit gekostet. Oben angekommen geht der Küchenchef zum Frühstückmachen in die Küche vom Hotelrestaurant. Der Hotelchef geht in sein Büro, macht die Rollos am Fenster hoch und schaut vom zehnten Stock aus nach draußen. Deshalb heißt das Hotel auch „**WINDOWS 10**".

Einige Wochen später ist jeden Tag mehr los im Hotel. Der Chef hat neues Personal eingestellt, das jetzt auf verschiedenen Etagen im Hotel wohnt. Wenn der Direktor also morgens kommt und in den Lift steigt, dann nimmt er nicht nur den Küchenchef mit hoch, sondern die beiden lassen auf der zweiten Etage den Elektriker zusteigen, weil in der Hotelküche ein neuer Backofen angeschlossen werden muss. Im 3. Stock hält der Fahrstuhl auch noch mal an, weil da jetzt 2 Zimmermädchen wohnen, die im Restaurant die Tische zum Frühstück vorbereiten müssen. Im 4. Stock hält der Fahrstuhl wieder an, weil dort ja der Empfangschef wohnt, der muss aber ganz schnell wieder runter in's Erdgeschoss, damit die Rezeption für neue Gäste besetzt ist.

Das ist zwar alles blöd, geht aber nicht anders. Je mehr in dem Hotel passiert, desto länger dauert jeden Morgen das „Hochfahren", bis der Fahrstuhl ganz oben ist, und der Hotelchef in seinem Büro mit der Arbeit anfangen kann.

Inzwischen ist einige Zeit vergangen, es wird viel gearbeitet, und es kommt jeden Tag Neues hinzu. Es gibt einen neuen Haus-Schreiner, ein Haus-Installateur wird jeden Tag an anderer Stelle im Haus gebraucht und überall wird ständig etwas ausgebessert.

Und weil der Hotelchef möchte, dass gleich morgens alle Abteilungen besetzt sind - auch wenn dort nicht gleich etwas zu tun ist - , dauert es deutlich länger, bis es mit der Arbeit losgehen kann. Und im Lauf des Tages entsteht ziemlich viel Durcheinander und einiges bleibt liegen, nicht alles wird fertig gemacht, sondern wird auf den nächsten Tag verschoben.

Dadurch wird auch nicht alles aufgeräumt und weggeräumt, da liegt schon mal eine Leiter in irgendeiner Ecke im Flur rum (da ist der Chef gar nicht begeistert!) oder der Schreiner musste ein ausgetauschtes Fenster im Gang abstellen (heute will er es endlich runterbringen) und so kommen ständig neue Klamotten hinzu, die ständig im Weg rumliegen und die Arbeit verzögern.

So funktioniert auch Papas Rechner, nur dort nennt man es nicht Handwerker, sondern neue Programme oder neue Apps. Und wenn der Rechner oder das Handy deswegen immer langsamer werden, muss da mal ordentlich aufgeräumt und geputzt werden.

Da muss eine Putzkolonne ran, das sind spezielle Putz-programme, die man auch kostenlos auf den Webseiten der verschiedenen Computerzeitungen findet. Die kann Papa herunterladen und dann damit seinen Rechner wieder deutlich schneller machen. Und damit es immer aufgeräumt bleibt, sollte Papa dieses Programm wöchentlich einmal durchlaufen lassen.

Und jetzt Kindchen, lass die Omi mal ein bisschen weiter stricken., du weißt schon...

Das Enkelchen fragt die Computer-Oma:
Omi, gibt es eigentlich Unterstützung für Mama, die
mit ihrem neuen Handy gerne mitmachen würde im
Internet, aber noch ganz am Anfang steht?

Die Computer-Oma antwortet:
Also Kindchen, das ist doch ganz einfach.

Als erstes gibst du Mama folgenden Tipp: Es gibt eine
staatliche Stelle, die eine kostenlose und sehr informative
Broschüre versendet. Jeder kann ein einzelnes Exemplar
bestellen, kostet wirklich nichts. Die Broschüre heisst
„Wegweiser durch die digitale Welt", ist speziell für ältere
Bürgerinnen und Bürger und wird herausgegeben von der
„BAGSO -Bundesarbeitsgemeinschaft der Senioren-
organisationen e.V."

Die BAGSO hat auch eine Webseite (www.bagso.de), da gibt
es viel Wissenswertes über alle Themen aus diesem Bereich zu
sehen.

Die Broschüre „Wegweiser durch die digitale Welt" ist kein trockener Computerkurs, sondern richtet sich an Menschen, die als ersten Schritt entschieden haben, sich auf diese neue Technik einzulassen. Ist also für alle interessant, die erst ganz am Anfang stehen und noch etwas Motivation brauchen, bevor sie sich in das neue Abenteuer stürzen. Hier findet man auf 90 Seiten viele Erklärungen und Tipps, die helfen, wenn man am Rechner sitzt und bei einigen Begriffen nicht mehr weiter weiß.

Wenn man die Broschüre bestellen möchte, dann hat man mehrere Möglichkeiten.

Per Post:
Publikationsversand der Bundesregierung, Postfach 48 10 09, 18132 Rostock

Per E-mail:
publikationen@bundesregierung.de

Per Telefon:
030 / 18 27 22 721 (14 ct. pro Minute, bei Mobilfunk abweichend)

Oder per Download

wenn man schon einen Rechner mit Internetanschluss hat:
Dazu klickt man auf der Webseite „www.bagso.de" erst auf
„Publikationen", dann auf „Ratgeber", dann auf „Wegweiser
durch die digitale Welt" und dort findet man einen sogenannten
„Download-Link", mit dem man die komplette Broschüre als
Datei auf den Rechner laden und dort lesen kann.

Und wenn man schon einen Internet-Zugang hat, dann kann
man natürlich auch Webseiten nutzen, die Hilfestellung bieten.
Ich denke da speziell an die Seite „www.silver-tipps.de".

Hier findet man vieles zum Nachlesen, und auch viele weitere
Tipps per Video. Solche kleinen Filmchen machen den Zugang
zu unbekanntem Terrain noch einfacher, als reine Lese-
Artikel.

Zum Beispiel gibt es unter dem Motto „Helga hilft" eine
Seniorin, die schon eine ganze Anzahl an lehrreichen Videos
aufgenommen hat, und diese im Internet auf der Seite von
„YouTube" präsentiert. Da muss man jetzt nicht extra

suchen, denn weil Helga auch ein Digibo, ein „Digitaler Botschafter" ist, sind ihre Videos auch direkt auf der eben genannten Seite „Silver-Tipps" zu finden. Und jetzt Kindchen, lass die Omi mal ein bisschen weiter stricken., du weißt schon...

Das Enkelchen fragt die Computer-Oma:
Omi, was braust da eigentlich durch's Internet und klaut ... ?

Computer-Oma antwortet:
Also Kindchen, das ist doch ganz einfach.

Du meinst wahrscheinlich die englischen Begriffe „Browser" (gesprochen Brauser) und „Cloud" (gesprochen Klaut). Was da durch's Internet „braust" ist tatsächlich der Browser. Wenn du z.B. das Angebot der Firma XYZ auf deren Webseite anschauen willst oder auf YouTube ein Video sehen möchtest oder wenn du etwas einkaufen willst, für alles, was du im Internet machen willst, brauchst du dazu erstmal einen Browser. Das ist ein spezielles Programm und davon gibt es einige von verschiedenen Herstellern. Die heißen z.B. „Explorer" oder „Firefox" oder „Opera" oder „Chrome" und so weiter. Diese Programme kosten nichts, und auf jedem Computer ist irgendeine Version drauf.

Auch zum „googeln" braucht man einen Browser, denn „Google" ist kein Programm, sondern auch nur ein Internet-Angebot. Meistens merkt man es gar nicht, dass man den Browser benutzt, weil der immer automatisch startet, wenn man ein Symbol oder einen Link auf dem Bildschirm anklickt.

Einen Browser erkennst du daran, dass der Bildschirm umrahmt wird, ganz oben links ein Tab-Reiter erscheint und darunter eine Zeile, in die man etwas eintippen kann. Wenn man mit einer Webseite fertig ist und eine andere Webseite anschauen möchte, von der man den Namen kennt, dann geht man mit der Maus in diese Zeile unter dem Tab-Reiter und gibt den Namen einer anderen Webseite ein, z.B. „Silver-Tipps.de" oder „ZDF.de" oder „Telefonbuch.de", je nachdem, wie die Webseite heißt.

Der Browser versteht das, sucht jetzt ganz schnell nach der entsprechenden Internet-Telefon-Nummer, ruft dort an und bekommt von dort den Inhalt (also Bilder und Text) von der ersten Seite. Diese erste Seite wird immer zuerst bereitgestellt und heißt „Startseite" oder „Home".

Der Browser setzt jetzt das ganze nach Anweisung auf dem Bildschirm zusammen. Das ist also kein komplett gestaltetes und fotografiertes Prospektblatt, sondern das sind Textfragmente und Bilder. Je nach Computer, ob PC, Tablet oder Smartphone, schiebt er die Teile so zusammen, dass ein für uns lesbares Prospektblatt entsteht. Die Aufgabe des Browsers ist also, die gewünschte Webseite im Internet aufzurufen und den zurückgeschickten Inhalt der Seite auf dem Bildschirm schön lesbar anzuordnen.

Aber was verbirgt sich hinter dem Begriff „Cloud" (Klaut), englisch für Wolke ?

Stell dir vor, du möchtest zusammen mit deiner Cousine Emmy und deinem Cousin Kay für Tante Gerda ein kleines Fotobuch zusammenstellen, wo ihr gemeinsam viele Bilder von euren Familien zeigen wollt. Jetzt wohnt ihr ja in verschiedenen Städten, müsst also das Fotobuch immer hin- und herschicken, um daran zu arbeiten. So hätten wir das früher machen müssen. Heute geht das ja digital am Rechner und zum gemeinsamen Arbeiten von verschiedenen Rechnern aus gibt es jetzt die „Cloud".

Der erste fängt also mit dem Fotobuch an, fügt ein paar digitale Fotos ein und speichert das digitale Büchlein nicht auf dem eigenen Rechner, sondern übers Internet beim Anbieter XY. Dort liegt es jetzt in einem speziellen Ordner, und zum wieder anschauen braucht man einen Benutzernamen und ein Passwort, das kennst du ja schon.

Diese beiden Schlüsselwörter übermittelst du an Emmy und Kay. Wenn einer von beiden eigene Fotos in das Buch einfügen möchte, dann holt er sich diese Datei übers Internet aus der „Cloud" (also von dem Anbieter XY) auf den eigenen Rechner und bearbeitet das Büchlein. Wenn er fertig ist, speichert er die neue Version wieder zurück in die „Cloud". Damit es kein Durcheinander gibt, bleibt die Datei mit dem Fotobuch für die anderen solange gesperrt, solange einer daran arbeitet. Auf diese Weise kannst du zusammen mit Emmy und Kay ein gemeinsames Fotobuch gestalten, das erst dann ausgedruckt wird, wenn alle mit dem Ergebnis einverstanden sind, und das alles ohne ständig Hin- und Herschicken.

Und weil man das Internet wie einen unendlich großen Himmel sehen kann, in dem es unendlich viel zu sehen gibt, nennt man die Stelle, an der man gemeinsam etwas ablegen kann, eine „Wolke", die „Cloud". Man kann natürlich auch alleine Daten, Bilder, Texte in der Cloud ablegen und speichern. Das hat den Vorteil, dass nichts verloren geht, wenn mal der eigene Rechner kaputt geht. Denn alles, was in der „Cloud" gespeichert ist, wird mehrfach gesichert.

Für alle, die auf diese Weise gemeinsam etwas bearbeiten wollen, gibt es also eine andere Wolke, die immer nur von denen eingesehen werden kann, die die entsprechenden Schlüsselwörter kennen. Und die sollte man auch nicht weitergeben, sonst kann es wirklich passieren, dass jemand dort zugreift und etwas klaut...

Und jetzt Kindchen, lass die Omi mal ein bisschen weiter stricken., du weißt schon...

Das Enkelchen fragt die Computer-Oma:
Omi, nutzt du dein Handy nur zum Telefonieren, oder machst du damit mehr ?

Die Computer-Oma antwortet:
Also Kindchen, das ist doch ganz einfach.

Abgesehen davon, dass ich mein Handy zum Telefonieren und für Notfälle immer dabei habe, nutze ich einige sehr praktische Funktionen, denn deine Omi ist zwar alt, aber nicht doof.

Du weisst doch, Omi ist manchmal etwas vergesslich. Ich kann dir zwar immer noch sagen, welche Socken Opa anhatte, als ich ihn damals kennengelernt habe, aber wenn ich vom Wohnzimmer zum Kühlschrank gehe und mache die Tür auf, habe ich oft schon wieder vergessen, was ich eigentlich holen wollte. Und so geht es mir öfter am Tag, auch unterwegs. Deshalb nutze ich mein Handy wie einen sprechenden Notiz-block, der mir schnell mal zuhört. Das entsprechende kleine

Symbol anklicken, draufquatschen, speichern. Oder wenn mir unterwegs etwas einfällt, was ich noch einkaufen muss oder beim Arzt: Anklicken, draufquatschen, speichern. Später höre ich mir das wieder an und danach lösche ich die Notiz. Ganz einfach.

Dann ist auf jedem Handy ja auch ein kleiner Taschenrechner drauf, damit kann ich alles nachrechnen, was mir schleierhaft vorkommt, da kann mir keiner ein X für ein U vormachen!

Für unser Senioren-Kaffeekränzchen hat Omi sogar eine (WhatsApp-)Gruppe gegründet, da sind alle meine Freundinnen eingetragen. Einige hatten schon ein modernes Handy, die anderen hatte ich vor einiger Zeit davon überzeugt, sich auch so ein Ding zuzulegen, und seitdem sind wir in gemeinsamem Kontakt.

Ich muss also nicht jeden einzeln anrufen, wenn sich an einem Termin etwas ändert, sondern kann das an alle gleichzeitig senden. Außerdem bin ich ja bei euch in der Familiengruppe. Und ich habe eine Gruppe für Fahrgemeinschaften. Und eine

Gruppe für Nachbarschaftshilfe. Immer, wenn es für eine bestimmte Gruppe etwas mitzuteilen gibt, dann wähle ich die entsprechende Gruppe aus, gebe die Nachricht ein, und alle in der Gruppe bekommen das automatisch zugestellt. Und das Tolle ist, wenn ich zu faul zum Eintippen bin, dann kann ich die Nachricht einfach reinsprechen. Auch diese gesprochene Nachricht wird dann alle in der Gruppe erreichen. Das ist sehr praktisch !

Überhaupt: Das mit dem Draufsprechen. Vieles muss man garnicht eintippen. Man kann z.B. „googeln" ohne zu tippen. Man spricht ins Handy, Google versteht es und kurze Zeit später hat man viele Antworten. Sowas ist doch ungeheuer hilfreich, wenn man mit den kleinen Tasten nicht mehr so gut zurecht kommt.

Dass ich mit dem Handy auch „online-banking" mache, das weisst du ja sicher. Das Ding kann zwar keine Geldscheine ausdrucken, aber ich kann meine Überweisungen von zu Hause aus machen und ich habe immer schnell einen Überblick über mein Konto.

So kann ich schneller reagieren, wenn mal etwas unvorhergesehenes passiert.

Sehr praktisch ist auch die eingebaute Landkarte. Vor kurzem habe ich mal in der Stadt einen bestimmten Laden gesucht, den habe ich mit der eingebauten Karte von Google-Maps relativ einfach gefunden.

Wie gesagt, Omi ist zwar alt, aber nicht doof... Und jetzt Kindchen, lass die Omi mal ein bisschen weiter stricken., du weißt schon...

Das Enkelchen fragt die Computer-Oma:
Omi, kaufst du eigentlich auch im Internet ein ?

Die Computer-Oma antwortet:
Also Kindchen, das ist doch ganz einfach.

Normalerweise kaufe ich alles bei meinen Händlern um die Ecke
oder in der Nachbarschaft. Das ist immer noch die beste
Möglichkeit, die Qualität von Produkten mit den eigenen
Händen zu fühlen und zu prüfen. Außerdem kommt deine Omi
dann mal raus aus der Bude und unter die Leute. Es gibt aber
immer mal wieder Dinge, die sind in meinen Geschäften in der
Nähe nicht zu bekommen, oder es ist für meinen Händler sehr
umständlich, die Sachen zu besorgen. Dann suche ich schon mal
im Internet nach entsprechenden Angeboten. Das können
Ersatzteile sein, oder auch Markenartikel oder neue Angebote,
die mein Händler nicht führt.

Noch zwei Dinge vorab: Erstens, man muss nicht unbedingt
„online-banking" machen, um im Internet einkaufen zu können,

und zweitens, man muss auch nicht beim großen Internet-Versender „Amadingsbumms" kaufen. Praktisch alle Geschäfte haben ja heute einen Online-Shop. Mit Hilfe von Google finde ich schnell heraus, wo ich was zu welchem Preis einkaufen kann. Dann gehe ich auf die entsprechende Webseite, und schon kann es losgehen. Ich wähle einen Artikel aus, bestimme die Stückzahl, und klicke dann auf das kleine Symbol mit dem Warenkorb bzw. Einkaufswagen. Damit habe ich den Artikel in den Wagen gelegt, so einfach wie im Supermarkt. Möchte ich noch einen anderen Artikel, dann kommt auch der einfach in den Warenkorb. Bin ich fertig mit der Auswahl, dann geht's zur Kasse.

Wichtig: Bis jetzt ist noch nichts passiert, ich könnte den Kauf jetzt einfach abbrechen und den Warenkorb stehen lassen, d.h. ich könnte die Webseite einfach verlassen. Das einzige, was jetzt passiert, ist folgendes: Es wird ein „Cookie" auf meinem Rechner abgelegt (hab ich dir ja schon mal erklärt), und wenn ich wieder auf diese Webseite gehe, dann ist wie von Zauberhand mein alter Warenkorb wieder da, es sei denn, ich habe alle Cookies zwischenzeitlich gelöscht. Das ist dann so, als ob ein Mitarbeiter im Supermarkt alle Waren aus einem herrenlosen Wagen wieder zurück ins Regal gelegt hätte.

Aber ich möchte die Sachen ja haben. Also muss ich zuerst meine Post-Adresse angeben und danach auswählen, wie ich bezahlen möchte. Da gibt es meistens mehrere Möglichkeiten.

Wenn mir „Kauf auf Rechnung" angeboten wird, dann mache ich das.

Wenn es ein großer oder mir bekannter Händler ist, dann kann ich auch „Vorkasse" wählen. Dann überweise ich die Summe, und der Händler schickt mir nach Zahlungseingang die Sachen zu.

Dann gibt es noch die Zahlung per Lastschrift. Ich erteile also dem Händler die Erlaubnis, den Betrag per Lastschrift einzuziehen und gebe meine IBAN-Bankverbindung an.

Das klingt zwar sehr mutig, ist aber durchaus ein einfacher und sicherer Weg, weil die Bank das Geld in den nächsten 8 Wochen zurückholen kann, wenn ich es ihr mitteile, z.B. wenn die Ware nicht kommt oder wenn mir die Ware nicht gefällt.

Deine Omi nutzt am liebsten einen sogenannten Bezahldienst wie Paypal. Dort habe ich mich einmal angemeldet, also ein Konto eingerichtet, meine persönlichen Daten und meine Bankverbindung hinterlassen, und jetzt übernehmen die immer die Überweisung. Diese Methode ist kostenlos und bietet hohe Sicherheit, weil ich mich bei allen Ungereimtheiten an den Bezahldienst wenden kann. Der Bezahldienst ist praktisch wie ein Vermittler oder Treuhänder, der zwischen Käufer und Verkäufer steht und aufpasst, dass alles sauber läuft.

Und dann gibt es noch Giropay, das ist ein Bezahldienst meiner Bank. Diese Möglichkeit zum Bezahlen hatte mir meine Bank angeboten und dann habe ich mir das auch freischalten lassen. Schließlich haben die ja schon alle Daten und die verwalten sowieso mein Bankkonto. Allerdings muss auch der Verkäufer diese Methode zum Bezahlen anbieten.

wenn er das tut, dann nutze ich auch gerne diesen Weg.

Und für alle Einkäufe im Internet gilt: Bei Nichtgefallen habe ich 14 Tage Zeit, die Ware zurückzusenden, das geht ohne weitere Begründung. Dass Omi die Waren in einem ordentlichen Zustand und unbeschädigt und ungenutzt zurücksendet, versteht sich von selbst.

Und jetzt Kindchen, lass die Omi mal ein bisschen weiter stricken., du weißt schon...

Das Enkelchen fragt die Computer-Oma:
Omi, was sind denn eigentlich „Cookies" auf den webseiten im Internet? Sind die gefährlich?

Die Computer-Oma antwortet:
Also Kindchen, das ist doch ganz einfach.

Stell dir vor, du gehst durch ein Kaufhaus und schaust dich überall um. Du wendest dich zum Beispiel in der Schuhabteilung an einen Verkäufer und fragst nach Schuhen in deiner Größe. Der Verkäufer zeigt dir freundlich die entsprechende Auslage.

während du dort die verschiedenen Schuhe betrachtest, schreibt der Verkäufer auf einen kleinen gelben Klebe-Zettel deine Größe und die Art der Schuhe, die du gerade genauer anschaust. Diesen kleinen Zettel klebt er dir heimlich auf die Rückseite deines Mantels. Dann gehst du weiter in die Abteilung mit den Hosen. Du findest sofort eine passende Auswahl, die du ausgiebig prüfst. Auch hier ist ein Verkäufer in der Nähe, der dir freundlich lächelnd zuschaut und dabei wieder alles Interessante auf einem Klebe-Zettel notiert, diesmal ist es ein blauer.

Und während du so durch die Abteilung schlenderst, um ein Stockwerk höher nach einer neuen Jacke zu schauen, klebt dir ein anderer Verkäufer im Vorbeigehen noch ein gerade geschriebenes rotes Zettelchen auf die Rückseite deines Mantels. Du ahnst es schon, wenn du das Kaufhaus verlässt, ist dein ganzer Mantel auf der Rückseite voll mit bunten Klebe-Zetteln.

Jetzt gehst du in ein anderes Kaufhaus. Seltsamerweise bekommst du von den Verkäufern ganz freundlich genau die Artikel gezeigt, die du im ersten Kaufhaus genauer angeschaut hast. Und so geht es dir auch im dritten Kaufhaus, weil du nämlich die Klebe-Zettel auf deinem Rücken noch nicht bemerkt hast. Im realen Leben würden dir diese Zettelchen spätestens Zuhause beim Ausziehen des Mantels auffallen, und du würdest sie entfernen.

Im Internet funktioniert das genauso. Bei jedem Besuch auf einer Webseite werden kleine Info-Zettelchen auf deinem eigenen Computer abgelegt. Das sind die ominösen „Cookies", auf die du praktisch am Anfang jeder Webseite hingewiesen wirst. Weil man die im Computer aber nicht sieht, denkst du nicht daran, sie zu entfernen, und so bekommst du immer wieder Werbung von Dingen gezeigt, die du schon früher gesucht und betrachtet hast.

Wenn dich das stört, dann solltest du diese Cookies regelmäßig löschen, das kann man mit einem Putzprogramm, aber auch in den Einstellungen des Browsers (das Zugangsprogramm zum Internet) lassen sich die Cookies löschen. Wenn dich die Werbung aber nicht stört, dann kannst du die Cookies ignorieren, kaputt machen sie nichts.

Deine Omi hat sich übrigens auch ein Erinnerungs-Cookie neben dem Telefon festgeklebt. Wenn nämlich mal jemand anruft, und möchte die Oma mit dem Enkeltrick abzocken, und behauptet z.B., meinem Enkel wäre etwas passiert und bräuchte dringend Hilfe, dann schaut die Omi nach der ersten

Verwirrung auf das selbstgemachte „Erinnerungs-Cookie". Dort habe ich nämlich die zwei Vornamen „Horst" und „Katharina" draufgeschrieben - - - beide Namen kommen in unserer Familie nicht vor!

Wenn also jemand anruft und bittet scheinbar um Hilfe, dann schaue ich auf den Zettel und sage: „Bist du es, Horst?" bzw. „Bist du es, Katharina?". Wenn dann der Fremde sagt: „Ja Oma, gut, dass du mich erkannt hast!", dann weiß ich ganz sicher, woran ich bin. Entweder lege ich jetzt einfach auf, oder ich spiele das Spiel mit und rufe anschließend die Polizei. Manchmal können Cookies richtig hilfreich sein...

Und jetzt Kindchen, lass die Omi mal ein bisschen weiter stricken., du weißt schon...

Das Enkelchen fragt die Computer-Oma:
Omi, weiß Google eigentlich alles?

Die Computer-Oma antwortet:
Also Kindchen, das ist doch ganz einfach.

Die Wahrheit ist: Google weiß eigentlich gar nichts. Aber ganz viele Menschen wissen ganz viel, schreiben das auf und stellen das ins Internet. Das sind Firmen und Universitäten und Vereine und viele viele schlaue Leute (aber auch solche, die nur glauben, etwas zu wissen, also Vorsicht!) Und deshalb ist das Internet so voll wie der Dachboden von Tante Gerda, tausende von Schachteln mit unfassbar viel Krempel wild unterm Dach in Schränken und Vitrinen verteilt.

Normalerweise würde man jetzt nichts finden, wenn Tante Gerda nach etwas sucht. Aber Tante Gerda hat ein System. Sie hat auf alle Schachteln Vermerke drauf geschrieben und alle diese Vermerke auf einem Blatt notiert und dazu geschrieben, in welchem Schrank was rumliegt.

Und wenn du sie jetzt nach etwas von ihrem Dachboden fragst, dann schaut sie auf dieses Blatt, und findet sofort einige Hinweise, in welchen Kisten etwas aus dem gesuchten Bereich herumliegen könnte. Das sagt sie dir dann und du darfst dann selber auswählen.

Wenn du jetzt „googelst", dann fängt Google auch nicht an, für dich im gesamten Internet rumzustöbern, das wäre viel zu umständlich und würde viel zu lange dauern. Deshalb hat sich Google auch so einen Dachboden wie Tante Gerda zugelegt, nur viel viel viel größer. Und der wird Tag und Nacht mit Krempel gefüllt.

Und extra dafür hat sich Google viele tausend Rechner angeschafft. Die sausen also Tag und Nacht ziellos durchs Internet und gehen allen Hinweisen (Links) nach, die sie finden. Die suchen nichts besonderes, die sausen nur von einer Webseite zur nächsten. Das geht vollautomatisch, das machen auch keine Menschen, das machen die Rechner von ganz allein, weil Google sie so programmiert hat.

Dabei sammeln sie alles, was sie finden, sie machen von allem eine Fotokopie und legen sie in ihren eigenen Speichern ab. Und das alles notieren sie in einem riesigen Karteikasten. Dort machen sie für jeden Begriff eine Notiz und sortieren diese Notizen. Wenn du jetzt etwas im Internet bei Google suchst, dann gehen die blitzschnell die Notizen durch und sagen dir, wo du etwas gewünschtes finden könntest. Und als Entscheidungshilfe legen sie dir noch ein paar Schnipsel von ihren Fotokopien dazu.

Weil es aber unzählige Seiten gibt, die etwas mit dem Thema zu tun haben könnten, zeigen sie dir viele Seiten hintereinander in einer langen Auflistung. Diese Reihenfolge ist gar nicht so einfach, welcher Hinweis soll als erstes kommen und welcher kommt als zweiter, welcher als dritter und so weiter ?

Google versucht also deine Frage genau zu verstehen, versucht zu erkennen, was dir an diesem Begriff in welchem Zusammenhang wichtig ist und sortiert die Vorschläge in einer bestimmten Reihenfolge. Diese Reihenfolge hat auch wieder etwas mit dem zu tun, was du früher schon einmal gesucht hast und was Google über dich weiß.

Wenn du z.B. nach dem Begriff „Grill" suchst, dann könnte es sein, dass du eine Würstchenbude meinst, oder nach einem Holzkohlengrill für den Garten suchst, oder einen Kühlergrill von einem Auto suchst, oder eigentlich etwas über das Insekt „Grille" wissen willst. Auch wenn du dich vertippt hast, versucht Google, etwas ähnliches zu finden. Und weil Google ganz viel über dich gesammelt hat, vergleicht Google alle Ergebnisse und zieht dann seine Schlüsse draus.

Wenn du wüsstest, was Google über dich selbst weiß, dann würdest du möglicherweise aus dem Staunen gar nicht mehr rauskommen. Deshalb sagt Papa ja auch immer zu dir, du sollst nicht so viel von dir im Internet preisgeben. Mein Tipp: Kannst ja mal nach deinem eigenen Namen „googeln"...

Und jetzt Kindchen, lass die Omi mal ein bisschen weiter stricken., du weißt schon...

Das Enkelchen fragt die Computer-Oma:
Omi, Google ist ja stinkreich, „googeln" kostet aber
nichts. Womit verdienen die denn soviel Geld ?

Die Computer-Oma antwortet:
Also Kindchen, das ist doch ganz einfach.

Du kennst doch unseren Briefträger, den Herrn Hahn. Wenn
der morgens die Post austrägt, dann sieht er so ganz
nebenbei, von wem du Post erhältst und manchmal könnte er
sogar auf einer Postkarte den Inhalt lesen. Weil unser
Briefträger aber gewissenhaft seine Arbeit macht und nicht
neugierig ist, liest er die Post nicht, sondern er verteilt sie
nur.

Jetzt stellen wir uns mal einen anderen Briefträger vor, den
Herrn Gockel, das wäre einer, der alles weiß und immer zu
einem Schwätzchen aufgelegt ist. Der hätte auf alle Fragen
rund ums Viertel immer eine Antwort. Der wäre ein ganz
neugieriger.

Der würde jetzt zum Beispiel alle Briefe und Postkarten erstmal lesen, dann abfotografieren, also kopieren, bevor er sie austrägt. Zuhause in seiner Freizeit würde er in einen großen Block alle Adressen notieren und interessante Einzelheiten dazuschreiben, was er so alles gelesen hat. Also beispielsweise, von welcher Firma du schon Sachen gekauft hast, wie oft du etwas kaufst, von wem du Post bekommst, welche Postkarten du vielleicht selbst nach Hause geschickt hast mit Bildern vom welchem Urlaubsort usw. usw.

Dazu würde er alles aufschreiben, was er sonst noch so von dir sieht, welche Kleidung du trägst, ob du Haustiere hast und welche, wieviele Kinder im Haus leben, was für Autos vor der Garage stehen usw. usw. Im Laufe der Zeit kämen da eine Menge Informationen über dich und deine Familie zusammen.

Und das gilt für das gesamte Umfeld, er sammelt alles, was er bekommen kann. Dafür legt er einen großen Ordner an, in dem er alle Informationen sorgfältig zusammenfasst und auswertet. Und mit diesen Informationen geht er jetzt zu allen Firmen in der näheren und weiteren Umgebung und bietet sie zum Verkauf an. Diese Informationen sind für viele Firmen sehr nützlich, weil sie ihre Werbung nicht mehr in großen Mengen drucken und in alle Briefkästen werfen müssen, sondern sie können jetzt ganz gezielt bestimmte Adressen heraussuchen und nur dort ihre Werbung einwerfen. Damit sparen sie einiges an Geld, weil der sogenannte „Streuverlust" (also Werbung, die gleich im Papierkorb landet) kleiner wird. Diese Firmen wären sicher bereit, dem neugierigen Herrn Gockel einiges für die Adressensammlung zu bezahlen.

Und die Firma „Google" ist praktisch so ein globaler, super-neugieriger Briefträger, der unzählige Informationen sammelt und auswertet. Geht dir jetzt ein Licht auf?

Und jetzt Kindchen, lass die Omi mal ein bisschen weiter stricken., du weißt schon...

Das Enkelchen fragt die Computer-Oma:
Omi, Papa bekommt ein neues Handy ! Sein altes will
er Opa schenken. Ist das nicht toll ?

Die Computer-Oma antwortet:
Also Kindchen, das ist doch ganz einfach.

Es ist wirklich furchtbar lieb von Papa, dass er sein gutes und
teures altes Handy an Opa weitergeben möchte - - - aber
leider völlig kontraproduktiv ! Denn statt Opa aufzumuntern
wird er Opa damit verschrecken !

Du erinnerst dich, als Opa vor einigen Wochen den neuen
Fernseher bekommen hat. Nichts war mit Auspacken, Ein-
schalten, und Fernsehschauen... Nach dem Einschalten war der
Bildschirm voll mit Symbolen und Begriffen, die Opa nicht
kannte. Mühsam hat er sich mit der Fernbedienung durch
dieses „Menü" gequält, bis er irgendwann beim sogenannten
Sendersuchlauf gelandet ist. Danach waren hunderte von
Programmen völlig durcheinander aufgelistet.

Opa musste den Verkäufer anrufen und ihn bitten, die für ihn wichtigsten Programme in die richtige Reihenfolge zu bringen, und dann hat er uns der Verkäufer auch noch die Verbindung zum Internet eingerichtet... Alles nix für Opa !

Mit Papas altem Handy ist das nicht anders. Ein supergutes Handy mit allem, was ein tolles Handy heute bieten kann, aber Opa würde kreuzunglücklich werden mit so einem Ding. Dutzende von kleinen bunten Knöpfchen auf dem Bildschirm zum Drauftippen, aber nirgendwo steht:"Was möchten Sie denn eigentlich als Nächstes machen?"

Aber es gibt so ein Handy. Oma hat es schon im Elektromarkt gesehen. Es ist im Grunde ein ganz normales Smartphone mit allen üblichen Funktionen, die aber für später versteckt sind. Jetzt am Anfang kann sich Opa auf einige wenige Möglich-keiten konzentrieren.

Auf dem Bildschirm gibt es einige Symbole als Vorschlag, was man als Nächstes machen könnte. Also z.B. ein Telefonhörer als Symbol zum Telefonieren, oder ein Auge als Hinweis, dass man hier nach etwas im Internet suchen könnte, oder ein kleiner Papierflieger als Hinweis, wenn man etwas versenden möchte, z.B. eine Nachricht oder ein Foto ans Enkelchen.

Opa tippt dann einfach auf eines dieser Symbole, z.B. telefonieren. Darauf folgt die nächste Frage: Wen möchte man anrufen? Jemanden aus der gespeicherten Liste oder einen Fremden? So geht das Schritt für Schritt. Das gilt für alle Bereiche, zum Beispiel der Knopf „Versenden". Erst antippen, dann kommt „Was möchtest du versenden", ein Bild? Einen Text? Eine geschriebene Nachricht? Nach jeder Auswahl folgt der nächste Schritt. Damit ist Opa garantiert nicht überfordert, er bleibt weiter motiviert und schmeißt nicht alles hin. Wichtig ist immer der Erfolg !

Zusätzlich zu diesen eben genannten Möglichkeiten sind ein paar hilfreiche Werkzeug-Symbole auf dem Hauptbildschirm angezeigt. Es gibt natürlich eine Kamera für Fotos oder kleine Videos. Es gibt eine Lupenfunktion über die eingebaute Kamera, wenn Opa beim Einkaufen vorm Regal steht, und das Preisschild nicht richtig lesen kann.

Es gibt eine Taschenlampe, wenn es mal zu Dunkel wird. Und es gibt einen Notruf, der immer und überall funktioniert, auch draußen beim Spazierengehen. Wenn Opa mal Hilfe braucht und er drückt diesen Knopf, dann ruft das Handy ganz automatisch und nacheinander alle Nummern an, die vorher zu diesem Zweck angegeben wurden.

Und wenn Opa mal ein technisches Problem mit dem Handy hat, dann gibt es einen speziellen Knopf und er wird mit jemandem Vertrauten verbunden, der ihm direkt weiterhelfen kann. Diese vorher bestimmte Vertrauensperson sieht dann auf ihrem Handy, was auf Opas Handy passiert ist und kann das reparieren, als ob man Opas Handy direkt in der Hand hätte.

Und später, wenn Opa mal alles kapiert hat, dann kann er auch mit allen Zusatzprogrammen (Apps) rumspielen, die man heute so kriegen kann. Also z.B. Wettervorhersage, Online-Banking, Videos schauen, Musik hören und tausend Sachen mehr. Muss Opa dann selbst entscheiden, was er wirklich will.

Ich darf ja eigentlich keine Werbung machen, aber ich verrate es dir hinter vorgehaltener Hand. Das Handy heißt DORO 8050, kommt aus Schweden und kostet etwa 200 Euro. Man bekommt es im großen Elektromarkt um die Ecke.

Und jetzt Kindchen, lass die Omi mal ein bisschen weiter stricken., du weißt schon...

Das Enkelchen fragt die Computer-Oma:
Omi, warum kauft mir Papa kein Smartphone? Ich
bin doch schon 8 Jahre alt. Und viele in meiner Schule
haben auch schon ein Handy...?

Computer-Oma antwortet:
Also Kindchen, das ist doch ganz einfach.

Dein Papa ist da sehr clever, er handelt verantwortungsvoller
als viele andere Eltern. Auch, wenn es jetzt so aussieht, als ob
dein Papa und deine Omi Spielverderber sind:

Ein Smartphone ist kein Spielzeug, sondern ein Werkzeug !!

Ein tolles Werkzeug mit unfassbar vielen Einsatzmöglich-
keiten. Darin liegt auch keine Gefahr, im Gegenteil, hier gibt
es viel für dich zu lernen. Aber ein Smartphone mit Zugang
zum Internet ist auch eine Tür in die digitale Außenwelt.

Weil aber diese Welt keine Spielwelt ist, sondern die gleiche reale Welt nur auf einer anderen Betrachtungsebene, haben die Eltern die gleichen Pflichten, wie in der realen Welt. Eine Welt, auf die man seine Kinder vorbereiten muss, jeden Tag etwas Neues, jeden Tag ein neues Abenteuer. Erfahrungen sind die besten Lehrmeister, aber immer unter kontrollierten Bedingungen! Wie ein Seiltänzer, der seine Herausforderungen unter der Zirkuskuppel sucht, aber mit einer Sicherungsleine gegen den Absturz gesichert ist.

Als du 3 Jahre alt warst, hat dir Papa einen Werkzeugkasten mit Hammer und Säge aus Holz zum Spielen geschenkt. Aber er hat dir nicht einen 3 Kilo-Hammer aus der Werkstatt in die Hände gedrückt! Oder ein großes Küchenmesser! Oder seine elektrische Kreissäge! All das wäre nämlich verantwortungslos gewesen, weil sich Kinder damit sehr schwer verletzen können, wenn sie den richtigen Umgang noch nicht gelernt haben.

Du hast z.B. erst ein Dreirad bekommen, ein bisschen später dann ein kleines Fahrrad mit Stützrädern. Damit bist du durch den Garten geeiert. Ein Jahr später hat Papa die

Stützräder abmontiert und du hast gelernt, Fahrrad zu fahren ohne umzufallen.

Und als du in die Schule kamst, da hat dich die Mama jeden Morgen an die Hand genommen und hat dir den Weg in die Schule gezeigt, mit der Ampelanlage an der großen Kreuzung und mit dem Zebrastreifen über die Hauptstrasse vor der Schule. Immer haben dich deine Eltern oder deine Lehrer auf neuen Wegen begleitet und dir die Gefahrenstellen gezeigt.

Das gleiche gilt auch für die modernen Geräte und das Internet. Deshalb drückt dir dein Papi auch nicht einfach ein Smartphone in die Hand, damit du Ruhe gibst. Momentan nimmt er sich jeden Tag sehr viel Zeit, um dir an seinem Tablet neue Dinge zu zeigen. Und in ein paar Jahren, wenn du die Gefahren besser überschauen kannst, wirst auch du ein eigenes Smartphone bekommen. Solange musst du dich noch mit dem kleinen Handy zufrieden geben, das du mal zum Telefonieren bekommen hast, mit dem man aber nicht ins Internet kann. Alles zu seiner Zeit ! Und jetzt Kindchen, lass die Omi mal ein bisschen weiter stricken., du weißt schon...

Das Enkelchen fragt die Computer-Oma:
Omi, Papa flucht über seinen lahmen PC und spricht immer von einem „Botnetz" ?

Die Computer-Oma antwortet:
Also Kindchen, das ist doch ganz einfach.

Denk mal an Onkel Herbert, der hat doch 2 Garagen nebeneinander. In der einen, der rechten Garage, stellt er sein Auto ab, die andere, die linke, ist absolut ungenutzt. Und weil sie leer ist, schließt Onkel Herbert das Garagentor auch nicht ab, ist ja sowieso nichts drin.

Onkel Herbert fährt also tagsüber zur Arbeit und kommt abends zurück und stellt sein Auto in die rechte Garage. Eines Tages fällt ihm auf, dass in seinem Viertel einige kleine Transporter rumfahren und dass die beim Rumrangieren die Straße blockieren. Manchmal gibt es sogar einen kleinen Stau. So dauert es abends immer länger, bis er wieder in seiner Garage ist. Sonst sieht aber alles normal aus und er denkt sich nichts weiter.

An einem Wochenende will er mal ein bisschen aufräumen und möchte in der linken leeren Garage etwas abstellen. Er macht also die linke Garage auf und bekommt fast einen Anfall: Da stehen stapelweise Kisten, ein Tisch mit Versandmaterial, Kartons, Schreibmaterial, Klebeband usw. Da nutzt doch irgendjemand ganz heimlich die freie und ungenutzte Garage als Lager- und Versandplatz!!

Und die kleinen Transporter, die im Viertel herumfahren und die Straßen verstopfen, fahren offensichtlich alle zu seiner Garage und liefern Ware an und holen Ware ab! Es wird zwar nichts gestohlen oder kaputtgemacht, aber **sooo** war das mit der leeren Garage auch nicht gedacht!

Jetzt muss er sich die Mühe machen und den ganzen Plunder aus der Garage räumen. Den Verursacher dieser Aktion kann er leider nicht herausfinden, der hat sich aus dem Staub gemacht. Ab sofort ist Onkel Herbert aber deutlich vorsichtiger und schließt auch die ungenutzte Garage ab.

Sowas kann mit dem Computer auch passieren. Papa hat sich wohl einen „Trojaner eingefangen". Er hat offensichtlich eine E-mail bekommen, in der ein solcher Trojaner versteckt war. Das Schreiben hat vielleicht so ausgesehen, als wäre es von einer Behörde oder von seiner Bank, jedenfalls ist ihm nichts aufgefallen. Da stand dann möglicherweise ein Hinweis, dass er aus Sicherheitsgründen unbedingt seinen Account (sein Konto) überprüfen müsse, Unbekannte hätten sich dort zu schaffen gemacht (Genauso machen die Ganoven das, warnen vor angeblichen Gaunern und sind selber welche !).

Und um es ihm einfach zu machen könnte er gleich hier in der Mail auf einen Hinweis (Link) klicken, der ihm dann weiterhilft. Pustekuchen ! Da ist Papa drauf reingefallen und hat einfach auf den Hinweis in der Mail geklickt. Leider war das Ganze einer von vielen vielen Betrugsversuchen, wie man sie täglich auch im realen Leben als Haustürgeschäfte oder Kaffee-fahrten oder Enkeltrick oder Taschendiebstahl auf dem Wochenmarkt kennt. Ein verborgener Trojaner hat sich heimlich geöffnet und ein Programm auf Papas Rechner installiert.

Dieses Programm nutzt jetzt Papas Rechenleistung und verschickt zum Beispiel ununterbrochen und tausendfach Werbe-Mails, sogenannten „Spam". Und weil die Kriminellen das nicht nur mit Papas Rechner machen, sondern gleichzeitig viele andere Leute auch mit dem Trojaner „beglückt" haben, teilen sich alle betroffenen Rechner die Arbeit auf. Sowas nennt man ein Botnetz, die Rechner haben sich selbständig vernetzt, stehen untereinander in Kontakt und verteilen geschickt die Arbeit, ohne dass die Kriminellen irgendetwas für die Leistung bezahlen müssen!

Noch schlimmer hätte es Papa treffen können, wenn der falsche Link ihn dazu aufgefordert hätte, seine Bankdaten oder ähnliches „aus Sicherheitsgründen" nochmal einzugeben. Damit hätte er möglicherweise den Gaunern den Zugriff auf sein Konto erlaubt. Sag dem Papa, Banken schicken keine Links zum Draufklicken, sondern nur allgemeine Warnungen. Und deshalb geht man immer über den offiziellen Weg zu seinem Konto. Das gilt grundsätzlich, da gibt es auch keine Ausnahme! Und jetzt Kindchen, lass die Omi mal ein bisschen weiter stricken., du weißt schon...

Das Enkelchen fragt die Computer-Oma:
Omi, wie kommt eigentlich so eine E-mail zu mir nach
Hause, und trotzdem kann ich sie auch in den Ferien an
der See lesen. Wird mir das nachgeschickt?

Die Computer-Oma antwortet:
Also Kindchen, das ist doch ganz einfach.

Wenn dir jemand einen normalen Brief schreibt, eine Brief-
marke draufklebt und in den Postkasten wirft, dann kommt
der Brief bis zu dir nach Hause und der Briefträger wirft ihn
in euren Briefkasten. Für den Kasten habt ihr einen
Briefkasten-Schlüssel. Du gehst also an die Haustür, schließt
den Briefkasten auf und nimmst dann deine Post raus, um sie
zu lesen.

Dein Briefkasten für E-mails ist aber nicht bei euch zu Hause,
sondern der hängt in der Firma, bei der du deine E-mail-
Adresse eingerichtet hast.

Meine heißt zum Beispiel „computer-oma@web.de" und deine könnte heißen „enkelchen@t-online.de". Du siehst schon, diese Adresse besteht aus 2 Teilen, zuerst kommt ein von dir frei ausgewählter Name, geschickt wäre natürlich dein eigener Name, dann kommt so ein komisches Zeichen, das sieht aus wie ein „a" mit einem Kringel drumrum und wird ausgesprochen „ät", und dann kommt der Name deiner Briefkasten-Firma. Dort geht die Post nämlich hin.

Wenn dir jetzt jemand eine E-mail über seinen Computer oder sein Smartphone schickt, dann landet dieses Schreiben zuerst einmal bei der Firma, und die tut diese Nachricht in deinen persönlichen Briefkasten, in dein E-mail-Postfach.

Zu diesem Postfach hast nur du einen Schlüssel, einen aus Buchstaben bzw. Zahlen und Zeichen. Das nennt man ein Passwort, das du dir selbst ausgedacht hast. Ganz geheim und möglichst kompliziert. Am besten schreibst du dir das Wort auf, und heftest den Zettel im gleichen Büro-Ordner ab, in dem auch deine anderen wichtigen Urkunden und Verträge gesammelt sind. Omi kann sich auch nicht mehr alles merken!

Deine Post holst du jetzt bei der Firma aus deinem Postfach ab. Natürlich nicht zu Fuß, sondern dafür hat man ja einen Computer bzw. ein Smartphone. Mit dem Passwort öffnest du dein Postfach bei der Firma und holst die Mail zu dir auf den Rechner. Es ist also völlig egal, wo du gerade bist, du kannst von jedem Ort der Welt über das Internet auf deinen E-mail-Briefkasten zugreifen.

Und so kannst du dir auch im Urlaub an der See jede E-mail anschauen, auch ältere Mails, wenn du sie nicht gelöscht hast. Du darfst nur deinen Schlüssel, also dein Passwort, nicht vergessen!

Wenn du die Post gelesen hast, dann kannst du natürlich auf dem selben Weg auch wieder antworten. Und das alles ohne Briefmarken zu kaufen! Und du kannst auch Bilder und sogar Kopien von Dokumenten mitschicken! Und diese Briefe und mitgesendeten Dokumente sind auch behördlich und rechtlich anerkannt, du hast immer einen Gegenbeleg in deinem Ordner für gesendete E-mails! Und jetzt Kindchen, lass die Omi mal ein bisschen weiter stricken., du weißt schon...

Das Enkelchen fragt die Computer-Oma:
Omi, warum muss man einen Computer schützen ?

Die Computer-Oma antwortet:
Also Kindchen, das ist doch ganz einfach.

Das ist wie im richtigen Leben, es gibt viele nette und zufriedene Menschen, und es gibt viele frustige und gierige Menschen. Solche Menschen gab es schon immer, Waffen und mächtige Türschlösser sprechen eine deutliche Sprache. Heute dehnen sie ihre Aktivitäten auch auf das Internet aus. Die einen wollen in ihrem Frust nur Chaos verbreiten, die anderen wollen möglichst schnell reich werden.

So, wie man in ein Haus oder eine Wohnung einbrechen kann, so kann man auch in einen Computer einbrechen und dort Schaden anrichten. Und vor solchen Überfällen versuchte man sich schon immer zu schützen.

Stell dir mal eine mittelalterliche Burg vor. Eine Burg mit einer dicken Mauer, einem Wassergraben drumrum und einer hochgezogenen Zugbrücke mit ein paar Wachleuten. In die Burg durfte nur, wer dort wohnte oder wer vorher eingeladen wurde. Um so eine Einladung zu überbringen, oder um etwas zu besorgen, wurde ein berittener Bote auf die Reise geschickt.

Beim Verlassen der Burg bekam der Bote am Tor von den Wachleuten eine Parole genannt, ohne die er nicht mehr in die Burg zurück konnte. Die Zugbrücke ging runter, der Bote ritt über den Wassergraben davon, und die Zugbrücke wurde wieder hochgezogen.

Einige Stunden, Tage, Wochen später klopft es am Tor und jemand verlangt Einlass. Die Wachen fragen ihn nach seinem Begehr und nach der Parole. Kennt er die, wird die Zugbrücke runter gelassen und der Besucher darf in die Burg. Kennt er die Parole nicht, dann kommt er auch nicht rein. Eigentlich ganz einfach.

Nach dem gleichen Prinzip wird auch ein Computer geschützt, wenn du heute einen neuen Computer kaufst, dann ist der Schutz schon eingebaut. Die Burgmauer mit Zugbrücke heißt hier „Firewall" (gesprochen „Feierwohl"), wie eine dicke feuerfeste Wand, und ein spezielles Programm ersetzt die Wachleute.

Egal, ob du etwas „googelst", ob du eine Mail verschickst oder ob du eine Webseite anschauen willst, jedesmal, wenn du mit deinem Rechner eine Anfrage oder ein paar Daten ins Internet verschickst, vergibt dieses Programm, also deine Firewall eine Parole. Diese Parole wird vom Empfänger deiner Anfrage wieder an die Antwort angehängt und beides zu dir zurückgeschickt. An der Firewall wird sie aber nur durchgelassen, wenn die Parole stimmt. So verhindert deine Firewall, dass etwas auf deinem Rechner landet, was du nicht bestellt hast. So weit – so gut.

Die Bösewichter haben sich aber schon immer etwas ausgedacht, wie man diesen Schutz überlisten könnte. Einer dieser fiesen Tricks besteht darin, dass man dir etwas zuruft, was dich aus der Reserve lockt, z.B. da und dort gäbe es was besonderes zum Anschauen oder sogar ein Geschenk, oder du und dein Geld wäre in Gefahr und du müsstest unbedingt dies und das anklicken, um es zu verhindern. Wenn du das dann tust, also einfach anklickst, dann wirst du ja zum Besteller, und die Firewall hängt eine Parole an deine Anfrage ins Internet. Und jetzt rate mal, was dann wohl zu Besuch kommt...

Du hast zwar als zweiten Schutz noch eine besondere Security an Bord, einen sogenannten Virenscanner. Dieser Typ hat einen Berg an Steckbriefen vor sich liegen und vergleicht jeden Neuling und jedes Datenpäckchen auf bekannte schädliche Merkmale. Kommt ihm etwas seltsam vor, dann steckt er den Eindringling (also das schädliche Programm) erstmal in eine Zelle zur Quarantäne, und meldet sich ganz laut mit wilden Ausrufezeichen und roten Dreiecken auf dem Bildschirm.

Leider kommt es immer wieder vor, dass ein Ganove (also ein Schadprogramm) noch nicht in der Steckbriefsammlung vorhanden ist. Denn diese wird zwar mehr oder weniger häufig automatisch aktualisiert, aber es ist eben wie im richtigen Leben: Erst kommt der Gauner, die Polizei läuft immer hinterher...

Und jetzt Kindchen, lass die Omi mal ein bisschen weiter stricken., du weißt schon...

Das Enkelchen fragt die Computer-Oma:
Omi, im Internet einkaufen hast du mir schon gezeigt, aber wie kann ich Online meine nicht mehr gebrauchten Klamotten verkaufen?

Die Computer-Oma antwortet:
Also Kindchen, das ist doch ganz einfach.

Natürlich hat auch deine Omi den halben Speicher voll mit Sachen, die sie mal aufgehoben hat nach dem Motto „Könnte man vielleicht noch mal brauchen", aber inzwischen hat sich herausgestellt, dass ich vieles nicht mehr nutzen werde und es von anderen Menschen besser genutzt werden könnte. Dazu wäre ja ein Flohmarkt ideal, aber ich müsste alles zusammenpacken, ins Auto einladen, möglichst früh auf einem Flohmarkt in der Umgebung einen Stand mieten, alles dort wieder ausräumen und aufbauen und dann hoffen, dass genügend Leute vorbeikommen und an den Sachen interessiert sind. Und wenn ich Pech habe, dann ist mein Erlös an diesem Tag geringer als die Standgebühr.

Im Internet ist das alles viel einfacher. Dort nutze ich die Plattform „Ebay", hat jeder schon mal gehört. Auf diesem Flohmarkt tummeln sich zigtausend Menschen, die nach Schnäppchen oder den unmöglichsten Sachen Ausschau halten. Da habe ich einmal sogar eine Kiste mit alten gebrauchten Kabeln verkauft, die hätte ich sonst eigentlich mit dem Müll entsorgen wollen.

Auf Ebay gibt es zwei Möglichkeiten: Per Kleinanzeige wie in der Zeitung oder per Auktion. Omi nutzt immer die Variante mit der Auktion. Dort habe ich mich schon vor ein paar Jahren angemeldet, wie immer über meine E-Mail-Adresse und ein spezielles Passwort (gut aufschreiben und nicht verlieren!), und so mein Ebay-Konto eingerichtet. Und so kann ich immer, wenn ich etwas Zeit habe, ein oder mehrere Sachen, statt in den Müll zu werfen, auf Ebay verkaufen.

Und das geht so: Zuerst mache ich ein paar Fotos, das geht ja mit dem Smartphone oder dem Tablet ganz einfach. Dann öffne ich mein Konto bei Ebay und wähle die Option „Verkaufen".

Das Ebay-Programm führt mich ganz automatisch Schritt für Schritt durch den Verkaufs-Prozess. Ich gebe also ein, was ich verkaufen will, wie alt es ist, ob es gebraucht und in welchem Zustand es ist usw. usw. Alles andere kennen die ja schon von meiner Anmeldung.

Dann wähle ich meine selbstgemachten Bilder aus, Ebay bekommt sie zugestellt (man nennt das „hochladen"), und ich lege noch fest, mit welcher Summe meine Auktion beginnen soll. Ich wähle immer 1 Euro, das klingt zwar furchtbar wenig, aber wenn es ein gutes Produkt ist und mehrere Leute das haben möchten, dann steigern die sich schon von selbst gegenseitig hoch. Und selbst, wenn es nur einen gibt, der es für einen Euro ersteigert, dann bekomme ich wenigstens diesen 1 Euro anstatt es wegzuwerfen, denn den Versand (also Porto und Verpackung) zahlt ja immer der Käufer.

Ich habe also keine Unkosten wie beim Flohmarkt, viel weniger Arbeit wie beim Flohmarkt, und dazu noch viel mehr Menschen, die mein Angebot sehen.

Die Kiste mit den alten Kabeln hat immerhin auch 7 Euro gebracht (Versand geht ja extra), und auf der anderen Seite hatte ich mal eine alte Dampfmaschine aus der Jugendzeit meines Vaters auf dem Dachboden gefunden, das Ding war verbeult und angerostet, ein paar Teile waren sogar zerbrochen, aber ein paar Sammler haben sich darum gerissen, haben sich gegenseitig immer wieder hochgesteigert und zum Schluss wurde die Auktion bei mehr als 1.700 Euro (eintausendsiebenhundert Euro) beendet! Wahnsinn, oder ! Und alles hat mit nur einem Euro angefangen !

Ein paar Sachen solltest du noch wissen. Man schreibt in der Anzeige immer dazu, dass es sich um einen Privatverkauf handelt, andernfalls müsste man nämlich die gesetzlich vorgeschriebene Garantie geben. Man schreibt auch dazu, dass es aus diesem Grund keine Rücksende-Möglichkeit gibt, deshalb hat man ja im Anzeigentext mitgeteilt, dass es ein gebrauchter Artikel ist und wie gut das Teil noch funktioniert. Dann muss man beim Ausfüllen der Auktion entscheiden, wie lange diese Auktion laufen soll (z.B. 1 Woche, 10 Tage oder 1 Monat).

Damit erreiche ich unterschiedlich viele Menschen. Das ist so, als wenn ich auf einem richtigen Flohmarkt schon Mittags meinen Stand abbaue, oder ob ich durchhalte bis zum späten Nachmittag. Während der Laufzeit der Auktion bekomme ich immer wieder mitgeteilt, wieviele Menschen sich mein Angebot schon angeschaut haben, bzw. sich dafür stark interessieren. Normalerweise dauert es immer einige Zeit, bis der Auktions-Preis anzieht, das ist ganz normal, aber in den letzten Minuten und Sekunden vor dem Ablauf der Auktion kommt dann immer Bewegung in die Sache und der Preis klettert schnell nach oben.

Ist die Auktion beendet, dann erhalte ich eine Mitteilung über den erzielten Verkaufspreis sowie die Kontakt-Daten des Käufers. Dieser wiederum erhält automatisch von Ebay mitgeteilt, auf welches Konto er den Kaufpreis plus Versandkosten einzahlen muss. Ist das Geld auf meinem Konto eingegangen, dann bin ich verpflichtet, den Artikel innerhalb der nächsten Tage zu versenden. Nach 1 bis 2 Wochen ist alles abgewickelt.

Sowohl der Käufer als auch der Verkäufer geben bei Ebay eine Benotung ab, über die andere Käufer und Verkäufer erkennen können, wie zuverlässig der jeweils andere die Auktion durchgeführt hat. Und was hat mich das ganze gekostet? Ebay verlangt, anders als beim Flohmarkt, für den „Verkaufsstand" nichts, wird ein Artikel verkauft, dann erhält Ebay 10 Prozent des Verkaufserlöses, das war's. Schon eine tolle Sache, so eine Internet-Auktion, oder?

Und jetzt Kindchen, lass die Omi mal ein bisschen weiter stricken., du weißt schon...

Das Enkelchen fragt die Computer-Oma:
Omi, wie nutzt man eigentlich Google optimal und effektiv?

Die Computer-Oma antwortet:
Also Kindchen, das ist doch ganz einfach.

Du kennst das ja. Man gibt den gesuchten Begriff in die Suchzeile ein, und hofft dann, dass Google genügend Antworten auflistet. Jetzt tun wir mal so, als wärst du auf der Suche nach einem neuen Fahrrad. Damit Google weiss, dass du ein Fahrrad kaufen möchtest, schreibst du „Fahrrad kaufen". Weil es ein Fahrrad mit kleineren Reifen sein soll, grenzt du die Auswahl ein und schreibst besser „Kinderfahrrad 26 Zoll kaufen". Und sofort kommt eine riesige Antwortliste und auch schon Bilder mit Preisen. Du könntest jetzt auf das erste Angebot klicken und die Ergebnisseite anschauen. Zwangsläufig verschwindet die Google-Liste und das gewünschte Angebot füllt den Bildschirm.

Nach dem Lesen könntest du über den „Zurück-Pfeil" wieder zur Liste zurück und den nächsten Eintrag auswählen. Dabei verschwindet das vorherige Angebot. Wenn du das ein paarmal gemacht hast, dann verlierst du so langsam die Übersicht. Und die ganze Liste der Reihe nach abzuarbeiten würde sicher Stunden und Tage dauern und wirklich vergleichen kannst du dabei auch nicht, denn wenn du mit einem früheren Angebot vergleichen möchtest, dann geht die Sucherei los: Wo war das denn noch gleich ?

Wie haben wir das früher im Papierzeitalter gemacht ? Man hat einige Läden abgeklappert und sich ein paar Prospekte mit nach Hause geben lassen. Frage: Würdest du zu Hause nach dem Lesen eines Prospektes diesen einfach wegwerfen und dann einen neuen Prospekt studieren? Nein, du würdest die Prospekte auf dem Schreibtisch ausbreiten und die Angebote vergleichen. Und dabei immer wieder zwischen den Prospekten hin- und herwechseln. Das kann man mit Google auch !

Also zurück zur Google-Liste. Du schaust dir die Liste an und findest ein Angebot, das du genauer prüfen möchtest. Du gehst also mit dem Mauspfeil auf die blaue Zeile, ABER AUFGEPASST: Du klickst nicht einfach wie gewohnt mit dem Zeigefinger auf die linke Maustaste, sondern du tippst mal mit dem Mittelfinger auf die RECHTE Maustaste. Damit erscheint ein kleines Fenster mit ein paar Auswahlzeilen. Hier wählst Du mit dem Mauspfeil die Zeile „In neuem Tab öffnen" und klickst erst jetzt mit der LINKEN Maustaste drauf. Jetzt legt Google praktisch einen neuen Prospekt auf den Bildschirm, ohne die Google-Liste zu überschreiben. Der Computer nennt das „eine neue Registerkarte anlegen". Du erkennst das an der oberen Bildschirmkante. Dort sieht es jetzt so aus wie in einer Hänge-Registratur mit zwei Hänge-Registern. Solche Hänge-Register sind in vielen Schreibtischen im Büro noch üblich. Es erscheint also ein neuer Tab rechts neben dem Google-Tab. Durch Klicken mitten auf diese Tabs kannst du nun zwischen den verschiedenen Register-Karten hin- und herschalten.

Gehst du wieder auf die Google-Liste, wählst ein neues Angebot über die RECHTE Maustaste und klickst auf „In neuem Tab öffnen", dann wird eine neue Registerkarte mit einem neuen Tab ganz oben angelegt. Das ist jetzt so, als ob man oben an jeden Prospekt eine kleine Fahne anklebt, dann die Prospekte übereinander legt, und so zwischen den Prospekten hin- und herblättern kann. Das macht das Vergleichen viel einfacher! Mit der Zeit sammeln sich so eine ganze Menge Tabs ganz oben am Bildschirmrand an, die man natürlich auch wieder löschen kann, wenn man ein Angebot nicht mehr braucht. Dazu klickt man auf das kleine „x", was auf jedem Register-Tab rechts zu sehen ist. Damit wird dieser einzelne Tab komplett gelöscht.

Google bietet auch noch weitere Hilfsmittel an, eines davon ist die Suche über Bilder. Nehmen wir an, die möchtest ein ganz bestimmtes Fahrrad kaufen, das du woanders gesehen hast, aber nicht weisst, wie der Hersteller heisst. Unter der Suchzeile, also der Zeile, in der du deinen Suchtext eingetragen hast, gibt es nebeneinander ein paar kleine Begriffe wie „Alle, Maps, News, Bilder" usw.

Ich nehme jetzt nur mal den Begriff „Bilder". Klicke einfach dort drauf, und die Google-Liste wird ersetzt durch eine Aufreihung von unzähligen Bildern. Mit viel Glück findest du das gewünschte Fahrrad beim Rauf- und Runterscrollen der Bilder. Gefundenes Bild mit der RECHTEN Maustaste anklicken, „In neuem Tab öffnen" usw. usw.

Und noch ein Trick. Solltest du schon ein Bild von deinem gewünschten Fahrrad auf dem Rechner abgelegt haben, aber sonst nichts darüber wissen, dann kannst du auch damit eine Suche starten. Du gibst keinen Suchtext ein, sondern klickst auf den kleinen Fotoapparat am Ende der Suchzeile. Jetzt öffnet sich ein kleines Fenster und du klickst auf „Bild hochladen", dann auf „Datei auswählen". Damit kommst du zu deinen Ordnern, wo alle Dateien abgelegt sind. Suche den Ordner mit dem gewünschten Bild, markiere das Bild (draufklicken), und klicke unten im Ordnerfenster auf „öffnen". Es dauert einen Moment, weil Google sich jetzt dein Bild anschaut, mit allen bei Google gespeicherten Bildern vergleicht und dir dann eine Menge Bilder aufzeigt, die so ähnlich oder auch genauso aussehen.

Der Rest ist dir ja jetzt bekannt... Und jetzt Kindchen, lass die Omi mal ein bisschen weiter stricken., du weißt schon...

Das Enkelchen fragt die Computer-Oma:
Omi, auf manchen Webseiten im Internet komme ich
ganz durcheinander, weil sich dauert etwas verschiebt
und ändert!

Die Computer-Oma antwortet:
Also Kindchen, das ist doch ganz einfach.

Wahrscheinlich bist du dann verwirrt und abgelenkt durch den
Aufbau und die immer wieder dazwischen geschaltete
Werbung. Das ist zwar lästig, aber irgendwie müssen die
Hersteller von Webseiten ja auch Geld verdienen können, damit
sie ihre Leute und die Technik bezahlen können. Bei einer
Zeitung findest du ja auch alle möglichen Anzeigen einge-
streut zwischen den Artikeln, allerdings mit dem Unterschied,
dass die Anzeigen als solche gekennzeichnet sein müssen und
sich natürlich nicht bewegen!

Im Gegensatz zur Zeitung funktioniert eine Seite im
Internet aber völlig anders. Die kommt nicht komplett

gestaltet und gedruckt daher, sondern wird von deinem Browser-Programm Stück für Stück auf deinem Bildschirm aufgebaut. Und es kommt nicht alles auf einmal, sondern wird praktisch auf kleinen Postkarten notiert und hintereinander verschickt. Diese Postkarten nennt man Datenpäckchen.

Einige enthalten den Text, dann kommen Bilder, und dann kommen noch Anweisungen, wo was hin soll. Das geht zwar wahnsinnig schnell, aber eben alles kurz hintereinander. Während z.B. die Überschrift und der Text schon angezeigt wird, werden die Daten für ein Bild dazwischen gerade geladen. Hat dein Rechner die Datenpäckchen für das Bild komplett erhalten, wird es zusammengesetzt und dazwischengeschoben. So geht das, bis die gesamte Webseite aufgebaut ist.

Abhängig von der eigenen Internetgeschwindigkeit und abhängig von Bildschirmgröße und Bildschirmformat kann sich die Webseite unterschiedlich schnell aufbauen und immer wieder anders aussehen.

Und jetzt kommt noch die Werbung hinzu! Die wird einfach dazwischen geschmuggelt und verschiebt den schon vorhandenen Aufbau der Seite. Das ist natürlich etwas verwirrend, da muss man Geduld haben.

Und zum Schluss kommt etwas ganz entscheidendes: Während du auf einer Anzeige in der Zeitung lustig mit dem Finger drauf tippen darfst, ohne dass irgendetwas passiert, solltest du das bei einer Anzeige im Internet sehr bewusst kontrollieren! Denn diese Anzeigen sind so gemacht, dass sie beim Antippen oder Anklicken mit der Maus sofort und unbarmherzig die Seite auswechseln und zum Anbieter der neuen Produkte oder Informationen gehen.

Das ist natürlich sehr praktisch, wenn du nach diesem Produkt oder dieser Information schon länger gesucht hast! Oder wenn du von diesem Angebot fasziniert bist und unbedingt mehr darüber wissen willst. Aber es könnte sein, dass du dadurch von deinem ursprünglichen Ziel völlig abgelenkt wirst, und du dich hoffnungslos im Internet verläufst.

Manchmal werden diese Anzeigen auch nicht nur in die Webseite eingeflickt, sondern sie legen sich über den Teil der Seite, den man gerade betrachten will. Das ist natürlich absolut lästig! Wenn man dann versucht, die Anzeige irgendwie wegzube-kommen, dann stößt man immer wieder an Grenzen. Eigentlich sollte in einer Ecke ein kleines „x" zu finden sein, um die Anzeige zu entfernen. Ist nicht. Oder sie sollte sich verschieben lassen. Ist auch nicht. Vielleicht verschwindet sie ja nach kurzer Zeit von selbst? Oder man kann die Haupt-seite vorsichtig unter der Anzeige rauf- und runterschieben, um sie weiter zu bearbeiten?

Wenn man Glück hat gibt es ein kleines „x" in einer Ecke und man hat das Glück, es richtig zu treffen, dann meldet sich Google ganz freundlich und möchte wissen, warum man diese Anzeige nicht sehen will... Alles äußerst lästig, aber so funktioniert Werbung im Internet. Ich sagte ja schon, da musst du Geduld haben, und immer erst genau prüfen, bevor du voreilig drauf los klickst... Und jetzt Kindchen, lass die Omi mal ein bisschen weiter stricken., du weißt schon...

Das Enkelchen fragt die Computer-Oma:
Omi, Papa flucht: „Ich kann nicht mehr rechnen, mein Computer ist abgestürzt. Da ist wahrscheinlich ein Bit umgefallen... !

Die Computer-Oma antwortet:
Also Kindchen, das ist doch ganz einfach.

Wenn Opa sich abends in den Sessel setzt und sich ein Gläschen von seinem Bitburger genehmigt, dann ist er noch klar im Kopf und das Abendprogramm läuft völlig problemlos. Dann kann er auch noch prima rechnen, denn wenn ich ihn frage, "Opa, wieviel Bits hast du schon?", dann kommt wie aus der Pistole geschossen: „Naja, so mehr als eins..." Später am Abend gibt es ein leises „Pong" auf dem Tisch, dann ist sein leeres Bit umgefallen, als er um sich wedelnd danach greifen will. Jetzt weiß die Omi, Opa ist abgestürzt, jetzt ist's aus mit Rechnen, das Abendprogramm ist gelaufen... Und jetzt, Kindchen, schau mal hier. Das Mäntelchen für Opas Computermaus ist grade fertig geworden, da wird sich die kleine Maus aber freuen...